베어드 총서 ❻

대한제국기 샛별이의 전도이야기

싓별젼

숭실대학교 한국기독교박물관 편

숭실대학교 출판국

대한제국기 샛별이의 전도이야기

ᄉᆡᆺ별젼 샛별전 / STORY OF SAIT PYEL

초판발행 2014년 1월 10일

편 집 숭실대학교 한국기독교박물관
현대역 숭실대학교 한국기독교박물관 학예팀
자료해제 장경남 교수(숭실대 국어국문학과)
펴낸이 한헌수
펴낸곳 숭실대학교 출판국 / 서울 동작구 상도로 369
홈페이지 http://press.ssu.ac.kr

등 록 제 14-2호(1982.1.25.)
TEL 02-820-0772
FAX 02-817-5297

찍은곳 스크린그래픽센터
TEL 031-945-4366

EDITORIAL 202GRID

값 : 13,000원

ISBN ISBN 978-89-7450-321-5
ISBN 978-89-7450-297-3 (세트)

샛별전 / STORY OF SAIT PYEL

현대문

[일러두기]

1. 본 베어드 총서는 숭실대학교 한국기독교박물관에서 소장하고 있는 『싯별젼』(IA0070)을 영인 해제한 것이다.
2. 본서에 수록된 『싯별젼』은 숭실대학 설립자인 베어드(W. M. Baird, 裵緯良) 박사의 아내인 애니 베어드(Annie L. Baird, 安愛理) 여사가 1905년 번역하여 예수교서회에서 발간한 것으로, 원문 크기는 19.2×13.4cm이다.
3. 현대역은 원문에 충실한 직역을 원칙으로 했다.
4. 의미상 필요한 단어의 경우 한자를 (　) 안에 병기하였다.
5. 본문 이해를 위해 필요한 경우 역주를 달았다.
6. 현대역은 한국기독교박물관 학예팀에서, 현대역 감수 및 자료 해제는 장경남 교수(숭실대 국어국문학과)가 맡아 주었다.

차 례

베어드 총서를 간행하며

숭실대학교 한국기독교박물관은 학술 연구사업의 하나로 한국 최초의 근대 대학이자 기독교 대학의 전통을 계승하기 위해 학교사 자료를 수집, 정리 및 자료집 출간사업을 진행하고 있습니다. 본 '베어드 총서' 시리즈는 이처럼 숭실 교사자료 정리사업의 일환으로 발간하는 것입니다.

베어드는 숭실대학 설립자이자 한국 개신교 초기 선교사로 활동하며 교육 · 문서 선교에 지대한 업적을 남겼으며, 그의 부인이자 동역자였던 애니 베어드(Annie L. Adams, 安愛理), 로즈 베어드(Rose May Fetterolf, 裵路使) 역시 한국 선교에 커다란 족적을 남겼습니다. 이 베어드 총서는 이들의 한국 인식 및 기독교 선교 사상, 나아가 한국 선교의 발자취를 교계 및 학계에 널리 소개하고, 아울러 관련 연구자들의 연구활동을 촉진하기 위해 발간하게 되었습니다.

베어드는 1891년 미 북장로교 선교사로 내한하여 부산, 대구, 서울 등지에서 선교에 힘쓰다가 1897년 평양을 선교지역으로 정한 후 숭실대학교의 모태가 된 '숭실학당'을 설립, 교육선교에 주력하였습니다. 1916년에 숭실대학 학장직에서 물러난 후에는 문서선교 사업에 전력하며 많은 신학 관련 글을 발표하고 신앙서적을 발간하였습니다. 선교사역 40년만인 1931년 10월 소천하여 평양 장산묘지에 안장되었습니다.

베어드 및 그의 부인이 남긴 선교 유산은 각종 신앙교리서와 논문, 선교보고서, 일기, 서간, 그리고 그의 아들 리차드 베어드가 남긴 Profile 등이 있습니다. 한국기독교박물관은 베어드 자료 일부를 소장하고 있으며, 타 기관 소장

관련 자료도 지속적으로 수집, 정리작업을 진행하고 있습니다. 베어드 자료 가운데 일기, 서간문, Profile은 한국기독교박물관에서 연구 해제하여 「베어드 자료집」으로 간행할 것이며, 중요 신앙교리서와 논문 등의 기타 자료는 대중적 접근 및 활용도를 높이기 위해 본교 출판국에서 「베어드 총서」로 발간하게 되었습니다.

「베어드 총서」 시리즈는 향후 수년에 걸쳐 베어드 및 베어드 부인이 국내에서 출간한 신앙교리서 가운데 중요 자료를 선별하여 영인 및 현대역, 해제 작업을 통해 단계적으로 발간할 예정입니다. 한국 개신교 초기 이들이 펴낸 신앙서는 선교사들이 중요시했던 신앙 전파 및 선교 실상을 파악하는 데 유용한 자료가 될 것입니다.

아무쪼록 베어드 총서가 보급되어 베어드 일가의 선교 역사와 나아가 한국 개신교의 수용 및 성장의 역사를 살펴보는 데 도움이 되기를 바랍니다.

2013년 12월
숭실대학교 한국기독교박물관

자료 해제

이 책은 윌리엄 베어드의 부인인 애니 베어드(Annie L. Adams Baird, 安愛理)가 쓴 소설로, '샛별'을 주인공으로 하여 기독교가 전파된 내력을 이야기로 만든 것이다.

책 이름은 '싯별젼'이며, 영문 이름은 'Story of Sait Pyel'이다. 이야기 중간 중간에 삽입된 네 개의 삽화를 포함해 총 26면의 얇은 책자로 1905년에 대한예수교서회에서 간행하였다.

이야기는 대한의 아무 데에 사는 홍경대의 아내 김씨가 남편이 서울에 가고 없을 때에 온갖 귀신이 괴롭혀서 마음이 뒤숭숭한 채 하루하루를 지내는 것으로 시작한다. 그러던 어느날 남편 경대가 열너댓 살 쯤 되는 계집아이를 데리고 돌아온다. 김씨가 궁금해 하자 경대는 자신의 조카딸인데 학당에 다니다가 난리로 부모를 잃어서 데리고 왔다고 한다. 계집 아이 이름은 샛별인데 시력이 좋지 않지만 일은 잘 하는 아이이다. 샛별이 밤에 기도하는 소리를 들은 김씨는 집 귀신에게 죄를 범할까 두려워하면서 샛별을 미워하고 박대한다. 이웃사람들도 샛별이 외국 학당에서 공부하였다는 사실을 알고 샛별이를 궁금해 한다. 하루는 샛별이 강에 빨래하러 가자 여인들이 학당에서 무슨 공부를 했는지 묻는다. 샛별은 여러 가지 요긴한 것을 배우기도 하지만 제일 유익한 것은 예수교라고 말하고 나서 여인들과 문답을 하며 예수에 대해 자세히 이야기해 준다. 김씨가 집을 비운 사이에 샛별이 찬송을 하자 이 소리를 들은 이웃 여인들이 샛별의 방에 들어와서 기독교에 대해 묻고 샛별은 대답해 준다. 김씨가 장에서 돌아와 이 장면을 목격하고 샛별을 몹시 때리나, 샛별은 성경 구절을 암송하며 이겨낸다. 그후 홍경대의 외아들 삼복이가 병이 들자 김씨는 샛별을 탓하며 내쫓는다. 김씨는 무당을 불러 굿을 하지만 삼복이의 병은 더 깊어만 간다. 샛별이 찾아와서 성경 말씀을 들어 김씨를 위로하지만 듣지 않고 내쫓는다. 결국 삼복이는 죽고 경대 내외는 염병이 들었으나 이웃사람 누구도 돌보지 않는다. 샛별이 다시 가서 지극 정성으로 간호하여 둘을 낫게 하였으나 오히려 샛별에게 병이 옮는다. 경대 내외가 뉘우치고 샛별을 간호하였으나 병이 낫지 않는다. 급기야 샛별은 성경 구절을 외운 후에 "이제부터는 어둡던 눈 보리라."라는 말을 마지막으로 하고 죽는다. 경대 내외는 샛별의 일을 기이하게 여겨 예수교가 무엇인지 알기 위하여 서울로 올라가서 전도교사를 찾아 샛별이 전한 것을 확인한다. 경대 내외는 죄를 회개하고 주를 믿게 되어 향리로 돌아와서 예수교를 전한다. 듣고 보는 사람들이 회개하고 돈을 모아 회당을 설립하고 교사를 청하여 도리를 강론하면서 샛별의 말을 전하니 믿는 이가 많이 생겼다며 이야기는 끝을 맺는다.

이렇게 이 소설은 주인공 샛별을 중심으로 하여 홍경대, 그의 아내 김씨, 홍삼복, 마을 여인들을 주요 인물로 등장시키고 있다. 홍경대에 비해 그의 아내 김씨가 작중에서 중요한 역할을 하고 있다. 즉 샛별과 대립되는 입장에서 샛별에게 수난을 가하는 부정적 인물로서 기능을 함과 동시에 구시대를 상징하는 인물로 등장하고 있다. 이는 미신을 굳게 믿으면서 아들 삼복이가 아플 때에 무당을 불러 굿을 하여 병이 낫기를 기원하는 모습에서 단적으로 드러나고 있다. 이에 반하여 샛별은 서울에서 외국 학당을 다닌 신식 여성이면서 예수교를 믿는 인물로 등장하고 있다. 샛별과 김씨, 두 인물의 대립 갈등은 이 작품의 이야기 전개에서 핵심을 이루고 있다. 그것은 바로 구시대의 상징인 미

신과 신시대의 상징인 기독교의 대립을 이야기하고자 한 것이다. 결국엔 샛별의 정성에 감복한 김씨가 기독교를 믿게 됨으로써 기독교가 승리한 것으로 대미를 장식하여 이 소설의 의도는 분명히 드러난 셈이다.

소설의 특성을 적절히 활용함으로써 기독교를 전도하고자 한 작자의 의도가 돋보인다. 작자의 역량은 두 인물의 대립에서 뿐만 아니라 동네 여인들을 통해서도 잘 드러나고 있다. 이야기 중간 중간에 동네 여인들과 샛별의 대화를 통해 기독교를 전파하려는 것이 그것이다. 은연중에 샛별의 편에 서게 되면서 기독교에 대한 이해를 돕고 있기도 하다.

이 작품이 갖고 있는 문체상의 특징으로는 성경 구절과 찬송가의 적절한 활용을 들 수 있다. 이야기 전개에서 아주 중요한 역할을 하면서 독자들에게 기독교에 대한 이해를 돕고 있다고 할 수 있다.

이 외에도 이 작품을 통해서 대한 제국 시기의 혼란했던 정국 상황이나 사회, 종교적 상황을 이해할 수 있는 것도 특징점이다. 전란으로 인한 피해, 여성교육에 대한 견해, 천주교와 구별되는 기독교에 대한 이해 등은 작품의 배경이나 등장인물의 대화를 통해서 어렵지 않게 알아낼 수 있다. 이 책은 소설이면서 전도서라는 특징을 함께 갖고 있다. 이와 함께 이 작품이 등장한 시대에 대한 이해를 돕는 역할을 하고 있다고 평가할 수 있다.

이 소설의 작자 애니 베어드는 당시 대중들이 즐겨 읽는 독서물이 소설이라는 것을 인식했고, 기독교를 대중들에게 쉽게 전할 수 있는 방편으로 소설 형식을 활용하였다. 이렇게 만들어진 것이 본 소설인 셈이다. 당시의 독서 환경에 대한 이해가 없었다면 불가했을 터인데, 그만큼 작자는 한국 문화에 대해 잘 이해하고 있었던 것이다.

1910년대부터 소위 '딱지본'으로 불리는 활자본 고전소설이 간행되어 유행을 하게 되고, 아울러 신소설이 등장하여 우리 소설 문학계는 일대 전환이 일어나는데, 이 작품은 이들보다 앞서거나 또는 동시대에 단행본으로 간행되었다는 점에서도 그 의의를 찾을 수 있다.

【 자료해제: 장경남(숭실대학교 국어국문학과) 】

구쥬싱일쳔구빅오년

싯별젼

STORY OF SAIT PYEL

애니 베어드 (Annie L. Adams Baird, 安愛理) 著

대한광무구년을사

대한예수교서회간인

샛별전

화설,[1] 김씨는 대한나라 아무 데에 사는 홍경대의 아내이니, 그 남편은 존위를 하였더니 서울 가고 없을 동안에 김씨 마음이 매우 답답하고 편치 못한 것은 심심할 뿐만 아니라 밤마다 그 집에 귀신이 많아서 장난을 몹시 하니 집 안이 다 어지럽고 세간도 상한 것이 많고, 또 귀신이 그 외아들에게 무슨 못된 작폐[2]를 할까 대단히 근심하여 돈을 수백 냥이나 들여 고사[3]를 부지런히 하였으되 멈추지 아니하고 돈을 쓸수록 더욱 요란하더니, 하루는 아침밥 지을 때에 쌀을 씻으려고 물독에 가니 그 안에 큰 물독이 또 있는데 사람이 들지도 못하고 꺼내지도 못하겠더라.

마음이 뒤숭숭하여 방에 들어가서 앉았다가 진동항아리[4]가 엎어져서 깨진 것을 쳐다보고 떨며 울고 말하기를,

"어찌할꼬. 뉘 탓인고? 이왕에 집 안에서 작난[5]을 많이 하더니 어찌하여 지금 또 이런 변이 있느뇨?"

하면서 해가 낮이나 되도록 방에 있어 일도 아니하고 마음이 분하고 무서워하더라.

저녁에 부엌에 나와서 일할 때에 그 남편이 우연히 서울로부터 내려오는데, 전에 보지 못한 열너댓 살 쯤 된 계집아이가 따라 오더라. 경대 내외가 반갑게 서로 인사하고 김씨가 하는 말이,

"이 아이는 누구인가?"

경대가 대답하기를,

---

1) 화설(話說) : 고전 소설에서 이야기를 시작할 때 쓰는 말.

2) 작폐(作弊) : 폐단을 일으킴.

3) 고사(告祀) : 계획하는 일이나 집안이 잘되게 해 달라고 음식 등을 차려놓고 신령에게 제사를 지냄. 또는 그 제사.

4) 진동항아리 : 무당이 자기 집에 모셔 놓은 신위의 하나.

5) 작난(作亂) : 난을 일으킴.

"이 아이는 내 조카딸이니 저희 부모 살아계실 때에 학당에 두었더니 이제 난리가 나니 나라 일이 대단히 어지러워서 서울 사람이 시골로 피난하기에 내가 데리고 내려왔노라."

하니, 김씨가 말하되,

"학당에 두었단 말씀이 어떠하신 말이오리까? 계집아이 다니는 서당이 어디 있겠습니까?"

경대가 좀 부끄러운 말로 대답하되,

"저 아이 다니던 학당은 우리 대한 풍속대로 하는 데가 아니요, 외국 사람이 서울 와서 계집아이를 위하여 세운 학당이라."

하니, 김씨가 낯빛이 변하며 말하되,

"외국 사람의 학당에 다녔단 말이 웬 말이오? 외국 사람에게 배울 것이 무엇이뇨? 거기서 우리 조선 풍속을 흉보는 것과 우리 위하는 것을 버리고 외국 사신 위하는 것이나 배울 것밖에 무엇이 있으리오?"

하고, 또 그 아이를 더 자세히 보고 눈이 좀 어두운 것을 알고 또 대단히 분하여 말을 크게 하고 너무 요란히 구니, 경대가 아무 말도 못하고 방에 들어가서 아내가 새로 해 두었던 옷을 스스로 찾아 입고 이웃 사랑에 나가서 밤이 깊도록 친구들과 서울 이야기만 하더라.

김씨가 제 남편이 어디 나간 것을 보고 마음이 좋지 아니하여 슬피 울고 말하기를,

"무정하구나. 몇 달 동안이나 없었다가 집이라고 돌아와서 앉지도 아니하고 아무 말도 없이 어디로 나갔구나."

하면서, 아무 일도 아니하고 방에 들어가서 성내어 앉았더라.

계집아이 이름은 샛별이니 안력[6]이 부족하여 눈은 밝지 못하나 일은 다 잘하더니, 부엌에 나가 밥을 지어 상에 놓아서 김씨에게 갖다 드리니 김씨가 이상히 여겨 하는 말이,

"외국사람 학당에서 어떻게 밥 짓는 것을 배웠는가?"

하고, 조금 먹고 마음으로 생각하기를,

---

6) 안력(眼力) : 시력.

'모든 일을 다 이처럼 하면 내가 편안하겠다.'
하더라.

샛별이 저녁밥 먹은 그릇을 설거지하고 누워 자기 전에 엎드려 하는 말이,

"우리 하늘에 계신 아버지 밤낮 아니 주무시고 저를 돌아보시는 줄을 아오니 어찌 감사하오리까? 제가 약하고 어리니 도와주심과 가르쳐 주심을 비옵니다. 어떻게 하여야 좋을런지 가르쳐 주옵시고 예수를 본받아서 예수와 같이 어려운 것을 참게 하여 주옵소서. 예수께서 저를 대신하여 형벌을 받으셨으니 이처럼 감히 가까이 와서 기도할 수 있는 줄 제가 아옵나이다. 아멘."
기도를 다하고 누워 자더라. 김씨가 들으매 천주교 하는 소리인 줄 알고 집 귀신에게 죄를 범할까 무서워서 떨고 잠을 못 자더라.

날마다 김씨가 점점 그 계집아이에게 몹시 굴었는데, 샛별이는 힘은 별로 없어도 그 시키는 대로 일을 힘써 하고 아무 대답도 아니 하더라. 그 몹시 굴기는 샛별을 미워할 뿐 아니라 그녀의 하는 행실이 이상하니 집 귀신에게 죄를 범할까 무서워하므로 대단히 학대하더라. 그러나 샛별이 올 때부터 집에 있는 귀신의 작폐가 차차 줄어들더라. 이웃 사람들도 샛별이가 외국 학당에서 공부하였단 말을 듣고 저희끼리 말을 많이 하더니, 하루는 샛별이가 강에 가서 빨래를 할 때에 여러 빨래하는 여인들이 묻는 말이,

"외국 사람의 학당에서 무엇을 가르치더냐?"
하니, 샛별이 대답하되,

"대한 계집아이 할 도리를 가르칩디다."

묻는 사람이 웃고 말하기를,

"어찌 외국 사람이 대한 계집아이의 할 도리를 알 수가 있느냐?"

또 묻기를,

"그밖에는 배운 것이 무엇이냐?"
하니, 샛별이 대답하기를,

"수법[7]도 배우고 지도도 배우고 또 그 밖에 여러 가지 요긴한 것을 가르칩디다."

7) 수법(數法) : 셈하는 방법.

샛별전

하니까, 묻는 사람이 크게 웃고 말하되,

"계집아이가 수법과 지도를 배워서 쓸 데가 무엇이냐? 웃겨서 허리가 아프다."

하면서 이처럼 매우 흉보는데, 샛별이 온공히[8]하는 말이,

"배울 만한 것을 여러 가지 가르치되, 그 중 제일 유익한 것은 예수교인데 예수교가 무엇인고 하니"

하고, 말할 적에, 듣는 사람들이 일시에 떠들어 하는 말이 천주학이라고도 하며, 대한 사람의 글이 아니라고도 하여 욕하는 말로 요란하게 하니, 샛별이 아무 말도 아니하고 가만히 기다리더니, 그 사람들이 큰 소리를 다하고 다시 앉아 빨래질 할 때에 샛별이 다시 마음을 나직이 하여 말하기를,

"이 교는 천주학이 아니요 예수교니, 예수라 하시는 이는 우리를 구원하신 주라. 세상 사람은 다 죄가 있으니 죄 값에 마땅히 하나님께 형벌을 받을 터인데, 만일 구원할 이가 없으면 멸망함을 받지 아니할 이가 어디 있겠소. 그런고로 우리 하늘에 계신 아버님이 우리 불쌍한 모양을 보시고 민망히 여기사, 그 귀하신 아드님이라도 아끼시지 아니하시고 우리 죄를 대속하려고 이 세상에 보내셨으니, 이는 곧 우리를 구원하신 주 예수라. 당신의 높으신 권세와 천당 영화를 다 버리시고 세상에 내려오셔서 우리와 같은 사람이 되사 우리를 위하여 가난한 것과 말로 할 수 없는 고생을 받으셨으니, 여기 있는 사람 중에는 밤에 누울 데 없는 이가 별로 없으되, 하나님의 아드님이 세상에 계실 때에 하신 말씀이 '여우도 굴이 있고 공중에 나는 새도 집이 있으되, 오직 인자[9]는 머리를 둘 곳이 없다'(누가복음 9:58)라고 하셨으니, 왜 그같이 어려움을 받으셨는지 묻는다면 우리와 같이 고생과 욕을 보시려고 하시기에 그러하신 즉 세상 사람 중에 그런 은혜가 어디 있으오리까?"

또 말하되,

"예수께서 세상에 내려오셔서 우리와 같은 사람이 되었을지라도 중요한 분간[10]이 있어 당신 마음에 있는 생각이라도 하나님 명을 어긴 것이 조금도 없었

8) 온공(溫恭)히 : 온화하고 공손히.

9) 인자(人子) : 예수 그리스도.

10) 분간(分揀) : 사물의 옳고 그름이나 좋고 나쁨 따위를 가려냄.

나이다. 우리 할 직분을 당신이 다하시고 우리가 하나님의 명을 어기어서 형벌을 받을 것을 예수께서 당신 몸으로 대신 받으시려고 세상 사람에게 해를 크게 받으시고 나중에 죄인과 같이 십자가에 못 박혀 돌아가셨소."

이같이 말하니, 듣는 사람이 웃고 말하되,

"옳지! 그 소리 듣기 좋구나. 외국 학당에서 거짓부렁이 하는 것을 또 배웠느냐?"

하고, 더러는 빨래할 것을 가지고 제 집으로 돌아가고, 그 중에 두어 사람만 남아 빨래한 것을 양지 곁에 널 때에 샛별에게 하는 말이,

"다시 이야기 하자, 이 예수라 하는 사람은 세상에 있을 동안에 무슨 일을 행하였느냐?"

하니, 샛별이 대답하기를,

"예수께서 높은 사람 중에 제일 높으시지만, 당신 몸을 높이시지 아니하시고 낮고 죄 있는 백성 가운데에 계시고 두루 다니시며 하나님 참 이치를 가르쳐 주시고, 모든 불쌍한 사람을 도와주셨다."

하니, 그 중에 한 여인이 또 묻는 말이,

"여편네라도 업신여기지 않고 사랑하셨느냐?"

하니, 샛별이 대답하는 말이,

"사람 중에 여편네가 힘없고 약한 고로 예수께서 저들을 더욱 불쌍히 여기셨으니, 한 과부 된 사람의 죽은 외아들을 다시 살려 주시고, 일곱 귀신 들린 여편네 몸에서 귀신들을 다 내쫓아주시고, 계집아이나 아무든지 업신여기지 아니하시고, 또 불쌍하고 서러운 사람은 누구든지 위로하셨다."

하니, 듣는 사람이 눈물을 흘리고 하는 말이,

"내가 그 당신을 알았다면 좋을 뻔하였다."

하니, 샛별이 대답하여 말하되,

"지금도 우리 각 사람에게 떠나 계시기가 멀지 아니하다."

하니, 듣는 사람이 또 묻는 말이,

"어찌 우리들 가까이 계실 수가 있느냐?"

하니, 샛별이 대답하는 말이,

"우리가 예수께서 우리를 구원하셨으니, 그를 믿는 것밖에 죄 사함을 얻을 수 없는 줄을 알고 믿으면 예수께서 우리 마음속에 계시겠다고 말씀하셨습니

다. 만일 우리 마음에 계시면 환란 받을 때에 위로하여 주시고, 잘못할 때에 가르쳐 주시고, 어려울 때에 도와주시겠다."
하니, 듣는 사람이 한숨 쉬고 하는 말이,
"이상이 다 거짓말 아니면 좋구나."
샛별이 대답하여 말하기를,
"이 말씀이 내 말이면 혹 거짓말이기 쉽지만, 하나님의 말씀이니 어찌 거짓말이라 할 수가 있소?"
하니, 듣는 사람의 말이,
"하나님이 누구더러 이 말씀을 하셨느냐?"
하니, 샛별이가 대답하는 말이,
"전에 계시던 성인에게도 하셨고, 또 예수께서 우리에게 말씀을 많이 하셔서 다 성경에 기록하였다."
하고, 빨래를 마치고 집으로 돌아오더라.
저녁밥을 해 먹고 윗방에서 옷을 다듬이질 하다가 피곤하여 쉴 때에 샛별이 창으로 하늘을 쳐다보고 스스로 하는 말이,

"1. 여호와 우리 주여! 하늘에서 영광을 베푸신 주의 이름이 온 땅에 심히 아름답소이다. 2. 주께서 원수의 까닭으로 어린 아이와 젖 먹는 아이의 입에서 힘을 일으키사 원수와 복수하는 자로 하여금 가만히 있게 하셨습니다. 3. 내가 주의 손가락으로 지으신 하늘과 또 베푸신 달과 별을 보면, 4. 사람이 무엇이건대 주께서 생각하시며 사람의 자손이 무엇이건대 돌아보시나이까. 5. 주께서 사람으로 하여금 천사보다 조금만 낮게 하시고 존귀와 영광으로 저희에게 관을 씌우셨사옵니다. 6. 주의 손으로 지으신 것을 주장하게 하시며, 모든 것을 저의 발아래 두셨으니, 7. 모든 양과 모든 소와 백가지 들짐승과, 8. 공중의 새와 바다의 고기와 바닷길로 다니는 것이로다. 9. 여호와 우리 주여! 주의 이름이 온 세상에 심히 아름답소이다." (시편 8편)

말을 마치고 밤이 깊도록 일을 다 한 후에 기도하고 자더라.
그 후 며칠이 지나지 않아서 김씨가 장으로 쌀을 팔러 가고 없을 때에 샛별이가 방에 혼자 앉았는데, 좀 심심하여 하나님께 찬미하는 말이,

1. 나도 내 십자가 지고
예수 따라 가도다
불쌍한 이 나의 보배
예수밖에 없도다

전에 좋아하던 것을
모두 잃어버리되
예수께서 날 붙여서
부귀가 되었도다

2. 세상사람 날 흉보고
주를 흉보는구나
세상 마음이 간사하여
예수와 같지 않구나

예수 나를 사랑하사
비는 말씀 드려야
친구들이 미워하되
모두 염려 없도다

소리를 가만히 하였으나, 한 이웃 여편네가 듣고 여러 사람을 불러 샛별이 있는 방에 들어와 앉아 하는 말이,

"네가 아까 하는 소리가 염불도 아니요, 글 읽는 소리도 같지 아니한데 무엇이냐?"

샛별이 대답하되,

"하늘에 계신 우리 아버지께 찬미하는 소리입니다."

하니, 그 사람이 또 묻기를,

"예수교 믿는 사람이 하는 법이냐?"

샛별이 옳다고 하니, 또 다른 여인이 하는 말이,

"위하는 것 많을수록 좋지 않겠느냐? 나도 이렇게 예수를 위하겠다."

하니, 샛별이 대답하되,

"그렇지 아니합니다. 우리를 만드신 하나님께서 우리에게 명하시기를, 당신 밖에는 무슨 다른 신을 섬기지 말라 하셨으니, 그런 고로 하나님과 예수밖에는 아무 것도 위할 것이 없다."

하니, 듣는 사람들이 가만히 서로 말하되,

"이것이 무슨 말인가? 염불도 하지 말고 귀신도 위하지 말고 조상도 공경치 말라는 말인가?"

샛별이 그 말을 듣고 말하되,

"염불을 죽도록 한들 유익할 것 무엇이오? 보지도 못하고 듣지도 못하고 말도 못하는 부처가 우리 죽은 후에 좋은 데로 보낼 권세가 어찌 있으리오? 죽은 조상 위하는 것도 쓸 데 없으니, 우리 부모가 계실 동안에 효성하는 것이 옳고, 계실 때에 잘 대접하고 공경할 것이거늘 그 외에 다른 걸로 효도할 것이 무엇이오? 죽은 후에 아무리 돈을 써서 좋은 음식을 차려 드릴지라도 돌아간 사람이 밥을 잡수실 수 있겠소? 예로부터 지금까지 죽은 조상이 와서 먹는 것을 본 이가 누구뇨? 내 생각에는 우리 조상이 하나님의 명대로 하였으면 좋은 데로 갔을 터이요, 또 하나님의 명대로 아니 하였으면 지옥에 갔을 것이니, 어디든지 간 곳에서 어찌 세상에 다시 오실 수 있겠소? 또 굿하는 것으로 말하면, 무슨 까닭으로 귀신을 위합니까? 내게 해로운 일을 볼까 무섭고 또 병들어 죽을까 무서워하여 위하지 않습니까? 그러면 헛된 일이요, 만일 하나님께서 허락하지 아니하시면 귀신들이 우리를 해롭게 할 권세를 어디서 얻으리까? 그런 고로 전능하시고 착하신 하나님을 배반하고 더럽고 해롭게 하는 귀신을 위하는 것이 어찌 미련한 일이 아니리오? 우리 대한 사람들이 귀신을 위하는 까닭에 스스로 마귀의 종노릇하는 모양이 아닙니까? 내 생각에는 사람이 귀신에게 죄를 얻을까 무서워하는 것이 얽매인 사람과 매 맞은 사람과 눈 먼 사람과 다름이 없는 고로 예수께서 그런 사람을 놓아주시려고 오셨으니, 그런 고로 오셨을 때에 당신 말씀이 '잡힌 자에게 놓임과 눈먼 자에게 다시 봄을 전파하고, 패한 자를 자유케 하고 주의 복된 해를 전하려고 나를 보내었다'(누가복음 4:18~19) 라고 하셨습니다. 누구든지 이 말씀을 듣고 예수께서 저를 놓아주실 주이신 줄을 알면 귀신에게 괴로움을 조금도 받지 아니하오리다."

샛별이 이 말을 다 마치지 못하여 김씨가 갑자기 들어와서 장에서 사 온 물건을 내어 던지며 샛별을 붙잡고 말하기를,

"네 하는 말이 무슨 말이냐? 귀신을 위하지 말란 말이냐? 시끄럽다!"

하며, 몹시 때리고 또 하는 말이,

"나와 네 아저씨와 우리 아들을 다 죽이려느냐?"

하고, 또 치면서 말하기를,

"이년아! 제 집안 어른을 또 죽이려고 하는구나!"

하며, 대단히 때렸는데, 모인 사람들이 차마 보지 못하여 말하되,

"그만두오. 탓이 별로 없는데 왜 이처럼 심하게 구는가?"

하니, 김씨가 대답하길,

"어찌 탓이 없다고 하는가? 귀신 욕하는 것이 큰 죄가 아니냐? 애고, 이 계집아이 까닭에 큰 환난을 만날까 무섭구나."

하니, 모인 사람이 묻기를,

"저 아이가 온 후에 귀신이 집안을 더 요란케 하던가?"

하니, 김씨 대답하니,

"아직은 그렇지는 않지만 점점 더 할지 누가 아오리까?"

샛별이 너무 맞아 몸을 일으켜 걸을 수 없건마는 억지로 윗방에 가서 눈감고 몸을 누이니 죽은 사람 모양 같더라. 이웃 사람 두엇이 그녀를 불쌍히 여겨 방에 들어와 앉았더니, 샛별이 차차 힘이 좀 돌아와서 스스로 하는 말이,

"예수께서 내 죄로 인하여 상함을 받으시며, 내 허물로 인하여 창에 상하심을 받으시매, 나는 평안함을 받으며, 예수께서 채찍으로 맞으심을 받으셨으매 나는 나음을 얻었도다." (이사야 53:5)

하고, 또 하는 말이,

"대개 그리스도를 위하여 너희에게 주신 것은 저를 믿을 뿐 아니라 저를 위하여 괴로움을 받을 것이니라." (빌립보 1:29)

하고, 이어서 또 한 번 말하되,

"괴롭고 무거운 짐 진 사람들은 다 내게로 오너라. 나 너희를 편히 쉬게 하리라." (마태복음 11:28)

하니, 듣는 사람이 무슨 말인지 모르고 이상히 여겨 아무 말도 못하고 나가더라.

그 후 며칠 안 되어 그 집 외아들 삼복이란 아이가 병들어서 일어나지 못하고 머리도 들지 못하는데, 김씨가 샛별이 때문에 병이 난 줄 알고 큰 소리로 샛별을 욕하고 내쫓으니, 한 이웃사람이 불쌍히 여겨 그 집에 두지 아니하였다면 굶어 죽을 뻔 하였더라. 날로 삼복이가 병이 점점 중하매 김씨가 무당을 불러 돈 수백 냥을 놓고 말하되,

"우리 아들의 병이 아주 나으면 이보다 갑절을 주마."

하니, 무당이 좋은 음식을 차려놓고 제금[11]치고 춤추며 세악수[12]로 장구를 치고 피리를 크게 불면서 두어 날을 쉬지 아니하고 착실히 굿을 하여도 삼복이 병이 낫지 아니 하고 굿을 할수록 더욱 앓더라. 어머니가 아들의 죽을 모양을 보고 견디지 못하여 집에서 나와 크게 울고 말하되,

"애고, 애고! 우리 삼복이가 죽겠구나. 어찌 하여야 아니 죽을꼬? 애고, 애고!"

하며, 대성통곡 하는지라. 샛별이 그 우는 소리를 듣고 가까이 와서 어루만지며 하는 말이,

"울지 마옵소서. 살든지 죽든지 우리 하늘에 계신 아버님께서 하실 일이 아닙니까? 또 우리가 만일 예수만 의지하면 바랄 것 없는 것이 아닙니까? 예수가라사대, '어린 아이 내게 오는 것을 용납하고 금하지 말라. 대개 하나님 나라에 있는 자가 이와 같으니라' (누가복음 18:16) 하셨으니, 그런 고로 누구든지 예수를 믿는 사람은 죽은 후에 천당에 올라가 그 전 죽은 아이를 다시 만나보고 다시 부둥켜안을 것이라."

하고 말하니, 삼복이 어머니가 듣고 하는 말이,

"알 것이 무엇이냐? 네가 언제부터 명인이 되었느냐?"

하니, 샛별이 하는 말이,

"그렇지 않소이다. 아이라도 성경 말씀을 듣고 하나님의 명령대로만 하면 알기 쉽습니다."

하니, 김씨가 듣지 않고 말하되,

11) 제금 : 무속에서 장단을 맞추기 위해 치는 악기로 심벌즈(Cymbals)와 유사함.

12) 세악수(細樂手) : 장구, 북, 피리, 깡깡이 등을 연주하는 사람.

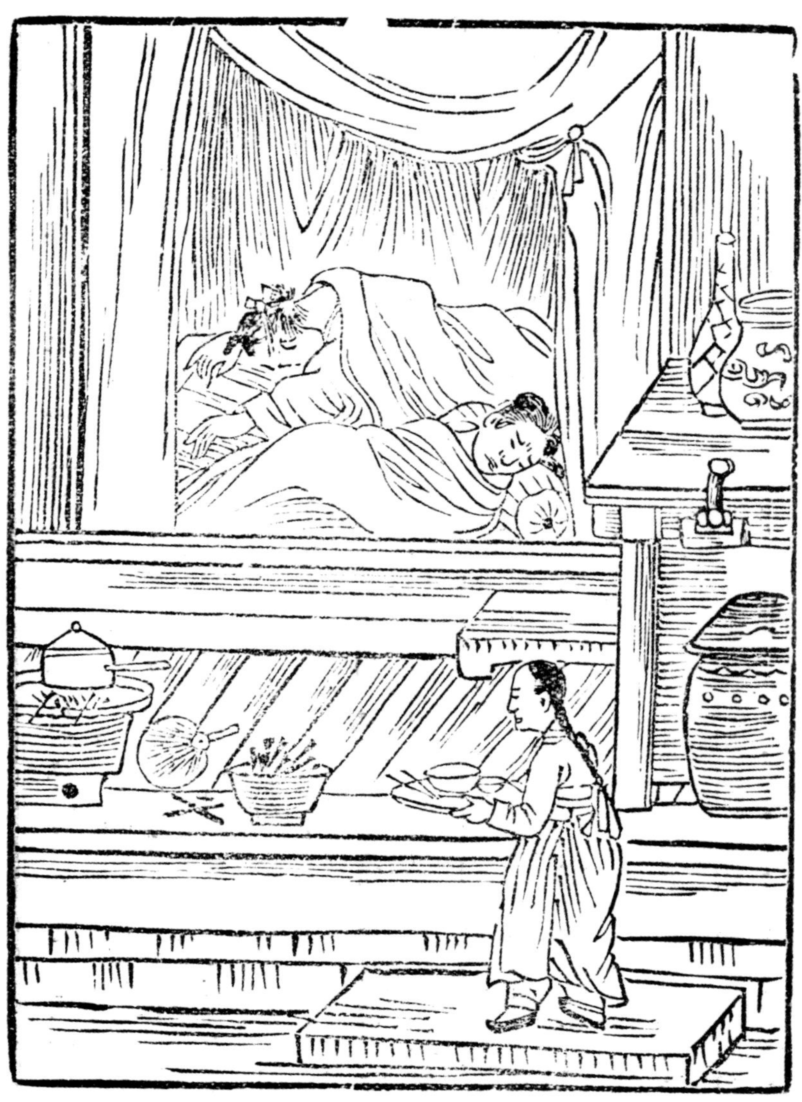

"네가 어찌 나를 위로하겠느냐? 귀신을 욕하지 아니 하였더라면 이런 일을 아니 볼 뻔하였다."

하니, 샛별이 대답하여 말하되,

"아닙니다. 우리가 구주 예수만 의탁하면 귀신이 아무 힘도 없고 아무 것도 무서울 것 없는 것인 줄 알겠소? 이 세상 임금으로 말할지라도 역적놈이 그 안에서 감히 견딜 수 있겠습니까? 그런즉 우리가 하나님께 붙여진 사람이 되면 귀신이 어찌 우리를 해롭게 하오리까?"

하며, 이같이 말을 더 하려고 하여도 김씨가 듣지 아니하고 나중에는 억지로 내쫓더라.

그날 밤중에 샛별이는 김씨가 크게 우는 소리를 듣고 그 아들이 죽은 줄만 알았더니, 한 이틀 후에 말을 들으니 홍경대와 그 아내가 또 병이 대단히 들어서 일어나지 못하고 아무 정신도 없다는데, 이웃 사람이 모두 염병[13]인 줄 알고 그들에게 옮아서 죽을까 무서워하여 아무도 그 집에 들어가지 아니하고 도와주지도 아니하더라. 샛별이 듣고는 그 집으로 빨리 가서 미음을 쑤어서 드리고 자기가 할 수 있는 대로 보호하되, 그 아저씨와 아주머니는 정신이 없어서 누가 와서 구원하는지 알지 못하더라.

엿새 동안에 샛별이가 잘 겨를과 먹을 겨를도 없이 잘 치료하였더니, 이레만에 둘이 다 코피를 흘리고 땀을 내더니 차차 병이 나아져서 조섭하여[14] 쾌차하더니, 오래지 아니하여 샛별이 또한 그 병이 옮아서 머리가 아프고 몸이 대단히 더우니, 가만히 누워있지 못하고 꿈쩍꿈쩍하더라. 경대 내외가 그 아이에게 몹시 군 일을 매우 뉘우쳐 인정스럽게 보호하여도 샛별이가 누군지 알지 못하고 일생 저 혼자 이상한 말을 많이 하더라. 그 때에 혼자 하는 말이,

"1. 여호와는 나의 목자가 되셨으니 내게 부족함이 없으리로다. 2. 여호와가 나로 하여금 방초 동산에 눕게 하시고 쉴 만한 물가로 나를 이끄시며, 3. 내 영혼을 회복하시고 자기 이름을 위하여 나를 옳은 길로 인도하시도다. 4. 내가 죽음의 음곡으로 행할지라도 악한 것을 두려워 아니할 것은 주께서 나와 함께

13) 염병 : 장티프스의 속된 표현. 일반적으로는 전염성을 가진 병을 통틀어 지칭하는 말.

14) 조섭(調攝)하여 : 몸조리하여.

하심이라. 주의 막대기와 지팡이가 나를 안위 하옵나이다. 5. 주께서 내 원수 앞의 나를 위하여 상을 베푸시고 기름으로 내 머리에 바르셨으매 나의 잔이 넘치옵나이다. 6. 내 평생에 정녕히 은총과 자비함이 나를 따르리니 내가 여호와의 전(殿)에 거하여 영원히 미치리로다." (시편 23편)

또한 목이 매우 말라 하는 것을 보고 아주머니가 물을 줄 때에 샛별이가 하는 말이,

"다시는 기갈(飢渴)되지 아니하며 해가 쪼이지 아니하며 더위가 침노치 아니하고 불쌍히 여기시는 자 기르고 인도하여 물 근원에 이르게 하시느니라." (이사야 49:10)

하더라.

날마다 점점 낫지 아니하고 더 아파하매, 그 아주머니가 우는 것을 보고 말하되,

"하나님께서 반드시 그의 눈물을 씻기시고 다시 죽는 것과 슬픈 것과 우는 것과 아픈 것이 없으니 전에 일이 다 지났더라."(요한계시록 21:4)

하고, 또 찬미하는 말이,

1. 아버지여 이 죄인의
   옴을 용납하옵시고
   아드님의 이름으로
   구원하여 주옵소서.
   아버지께 멀리 간 지
   벌써 오래되었고
   길 험해서 곤한 사람
   다시 돌아옵니다.

2. 전에 하던 헛된 일을
   원통하게 압니다.
   겸손하게 엎드려서
   접대하심 빕니다.
   주신 은혜만 못하지만

회개하는 영혼과
쓸 데 없는 육신까지
감히 드리옵니다.

3. 구주 돌아가신 때에
나의 죄를 지었으니
나 그 일을 의지하여
주를 쳐다봅니다.
아버지여 사하셔서
나를 품어 주옵시고
길이 사랑하심으로
살게 하여 주옵소서.

일생 그치지 아니하고 이처럼 말하더라.

엿새 동안에 경대 내외가 간절히 보호하고 이레 만에 코피 흘리고 땀나기를 매우 기다렸는데, 코피와 땀이 나지 아니하니 필경 죽을 줄 알고 크게 울더라. 샛별이 눈감고 가는 목소리로 하는 말이,

"죽음아, 네가 해하는 것이 어디 있으며, 죽음아, 네가 이기는 것이 어디 있느뇨? 죽음에 해는 죄요, 죄의 권세는 율법이라. 하나님께 감사하옵나니 우리들이 우리 주 예수 그리스도에게 힘입음을 우리에게 주어 이김을 얻었나이다." (고린도전서 15:55~57)

하더니, 이윽고 갑자기 일어나서 눈을 크게 뜨고 즐거이 말하되,

"이제부터는 어둡던 눈 보리라."

하고, 그 말을 마치매 곧 누워 세상을 이별하고 영혼이 천당으로 들어가니라.

경대 부부가 샛별의 일을 기이히 여겨 슬피 울며 동네 여러 친구에게 샛별의 전후 행한 일을 자세히 말하니, 어떤 사람은 웃기만 하되 그 중에 사모하는 사람도 있어 경대에게 말하되,

"예수교가 무엇인지 자세히 알면 좋겠다."

하고, 서로 의논을 많이 하더라.

경대가 샛별의 말이 허사가 아닌 줄을 깨닫고 서울로 올라가서 전도교사를 찾아가 예수의 도리를 자세히 묻고, 샛별의 말을 비교하여 보니 추호도 어김이 없는지라. 죄를 회개하고 주를 믿을 마음이 간절하여 좋은 책을 많이 사 가지고 본 곳에 돌아와 집안 친척과 동네 친구에게 간간히 도를 전하니, 주의 성신이 그들에게 은혜로 비치우사 경대의 말과 책을 보니 진실로 믿을 만한지라. 듣고 보는 사람 즉시 죄를 원통히 회개하고 열심히 돈을 모아 회당을 설립하고 교사를 청하여 날마다 도리를 강론하고 샛별의 말을 유전하며[15] 믿는 사람이 많이 생겼으니, 이것을 보면 주를 믿는 사람이 말을 많이 아니할지라도 주를 위하여 환난이나 핍박을 당하여 견디고 참았으면 천당에 영생 얻을 것을 분명히 알 것이요, 또한 종자가 되어 백 배나 결실할 것인 줄을 깨달을 터이옵기로 대강 기록하나이다.

15) 유전하며 : 세상에 널리 퍼져 전해져.

샛별전 / STORY OF SAIT PYEL

원문

말이 허사가 안인줄을 쌔닷고 셔울노 올나가셔 젼도교ᄉᆞ를
차자 가 예수의 도리를 자세히 뭇고 셧별의 말을 비교ᄒᆞ여 보니
추호도 어김이 업ᄂᆞᆫ지라 죄를 회ᄀᆡᄒᆞ고 쥬를 밋을 ᄆᆞᄋᆞᆷ이
간졀ᄒᆞ여 됴흔 ᄎᆡᆨ을 만히 사 가지고 본 곳에 도라와 집안
친쳑과 동니 친고의게 간간히 도를 젼ᄒᆞ니 쥬의 셩신이 그들
의게 은혜로 빗 치우샤 경대의 말과 ᄎᆡᆨ을 보니 진실노 밋을
만ᄒᆞᆫ지라 듯고 보ᄂᆞᆫ 사ᄅᆞᆷ이 즉시 죄를 원통히 회ᄀᆡᄒᆞ고 열심
으로 돈을 모화 회당을 셜립ᄒᆞ고 교ᄉᆞ를 쳥ᄒᆞ여 날마다 도리를
강론ᄒᆞ고 셧별의 말을 유젼ᄒᆞ며 밋ᄂᆞᆫ 사ᄅᆞᆷ이 만히 셩겻스니
이거슬 보면 쥬를 밋ᄂᆞᆫ 사ᄅᆞᆷ이 말을 만히 아니 ᄒᆞᆯ지라도
쥬를 위ᄒᆞ여 환난이나 핍박을 당ᄒᆞ여 견ᄃᆡ고 ᄎᆞᆷ아스면 텬당에
영싱 엇을거슬 분명이 알거시오 또ᄒᆞᆫ 죵ᄌᆞ가 되여 ᄇᆡᆨ비나
결실ᄒᆞᆯ것 인줄을 쌔다를터이 옴기로 ᄃᆡ강 긔록ᄒᆞᄂᆞ이다

일ᄉᆡᆼ 긋치지 아니ᄒᆞ고 이 처럼 말ᄒᆞ더라 엿새 동안에 경대
니외가 근졀이 보호ᄒᆞ고 닐헤 만에 코피 흘니고 ᄯᆞᆷ 나기를
미우 기ᄃᆞ렷ᄂᆞᆫᄃᆡ 코피와 ᄯᆞᆷ이 나지 아니ᄒᆞ니 필경 죽을줄
알고 크게 울더라 싯별이 눈감고 간은 목소래로 ᄒᆞᄂᆞᆫ 말이
죽음아 네가 히ᄒᆞᄂᆞᆫ거시 어ᄃᆡ 잇스며 죽음아 네가 익이ᄂᆞᆫ거시
어ᄃᆡ 잇ᄂᆞ뇨 죽음에 해ᄂᆞᆫ 죄요 죄의 권세ᄂᆞᆫ 률법 이라 하ᄂᆞ님ᄭᅴ
감샤ᄒᆞ옵ᄂᆞ니 우리들이 우리 쥬 예수 그리스도의게 힘닙음을
우리의게 주어 익임을 엇엇ᄂᆞ이다 ᄒᆞ더니 이윽ᄒᆞ여 갑작이
니러나셔 눈을 크게 ᄯᅳ고 즐거히 말ᄒᆞᄃᆡ 이졔 브더ᄂᆞᆫ 어둡던
눈 보리라 ᄒᆞ고 그 말을 맛ᄎᆞ매 곳 누어 셰상을 리별ᄒᆞ고
령혼이 텬당으로 드러가니라 경대 부쳐가 싯별의 일을 긔이히
녁여 슯히 울며 동ᄂᆡ 여러 친고의게 싯별의 젼후 힝훈 일을
자셰히 말ᄒᆞ니 엇던 사ᄅᆞᆷ은 웃기 만 ᄒᆞ되 그 즁에 ᄉᆞ모ᄒᆞᄂᆞᆫ
사ᄅᆞᆷ 도 잇셔 경대의게 말ᄒᆞᄃᆡ 예수교가 무엇신지 자셰히
알면 됴켓다 ᄒᆞ고 서로 의론을 만히 ᄒᆞ더라 경대가 싯별의

린고도젼셔십오장오십오졀부터오십칠졀ᄭᅡ지

一 아바지여 이 죄인의
옴을 용납ᄒᆞ옵시고
아ᄃᆞ님의 일홈으로
구원ᄒᆞ여 주쇼셔
아바지씌 멀니 간지
발셔 오래 되엿고
길 험히셔 곤ᄒᆞᆫ 사ᄅᆞᆷ
다시 도라옴ᄂᆡ다

二 진에 ᄒᆞ든 헛된 일은
원통ᄒᆞ게 압ᄂᆡ다
겸손ᄒᆞ게 업ᄃᆡ여셔
[illegible]

주신 은혜 만 못ᄒᆞᄃᆡ
회ᄀᆡᄒᆞᄂᆞᆫ 령혼과
쓸ᄃᆡ업ᄂᆞᆫ 육신 섯지
감히 드리옴ᄂᆡ다

三 구쥬 도라가신 ᄯᅢ에
나의 죄를 젓시니
나 그 일은 의지ᄒᆞ야
쥬를 쳐다 봄ᄂᆡ다
아바지여 샤ᄒᆞ셔서
나를 품어 주시고
기리 ᄉᆞ랑ᄒᆞ심으로
살게 ᄒᆞ여 주옵소셔

ᄯᅢ 내가 죽음의 음곡으로 ᄒᆞᆯᄌᆞ리도 악ᄒᆞᆫ 거술 두려워 아니
ᄒᆞᆯ거손 쥬ᄭᅴ셔 날노 ᄒᆞᆷᄭᅴ ᄒᆞ심이어 쥬의 막닥이와 집힝이가
나를 안위 ᄒᆞ옵ᄂᆞ이다 五쥬ᄭᅴ셔 내 원슈 압희 나를 위ᄒᆞ샤
샹을 베프시고 기름으로 내 머리에 바르셧스매 나의 잔이 넘치
옵ᄂᆞ이다 六내 평ᄉᆡᆼ에 뎡녕이 은춍과 ᄌᆞ비ᄒᆞᆷ이 나를 ᄯᆞ르겟ᄉᆞᆷ
이어 내가 여호와의 뎐에 거ᄒᆞ야 영원히 밋ᄎᆞ리로다 ᄯᅩᄒᆞᆫ 목이
ᄆᆡ우 말나 ᄒᆞᄂᆞᆫ거술 보고 아ᄌᆞ머니가 믈을 줄 ᄯᅢ에 싓별이가
ᄒᆞᄂᆞᆫ 말이 다시ᄂᆞᆫ 긔갈 되지 아니 ᄒᆞ며 ᄒᆡ가 ᄯᅩ이지 아니
ᄒᆞ며 더위가 침노치 아니 ᄒᆞ고 불샹이 녁이시ᄂᆞᆫ 쟈 기르고
인도ᄒᆞ여 물 근원에 니르게 ᄒᆞ시ᄂᆞ니라 ᄒᆞ더라 날마다 졈졈
낫지 아니 ᄒᆞ고 더 압하 ᄒᆞ미 그 아ᄌᆞ머니가 우ᄂᆞᆫ거술 보고
말ᄒᆞᄃᆡ 하ᄂᆞ님ᄭᅴ셔 반다시 그의 눈물을 씻기시고 다시 죽ᄂᆞᆫ
것과 슯흔것과 우ᄂᆞᆫ것과 압흔거시 업스니 젼에 일이 다 지낫
더라 ᄒᆞ고 ᄯᅩ 찬미ᄒᆞᄂᆞᆫ 말이

이시아 사십구장 십절

묵시록 이십일장 ᄉᆞ절

무셔워ᄒᆞ야 아모 도 그 집에 드러가지 아니 ᄒᆞ고 도아주지 아니 ᄒᆞ더라 셋별이 드를 ᄯᅢ에 그 집으로 ᄲᆞᆯ니 가셔 미임을 ᄊᆞ어셔 드리고저ᄒᆞᆯ 수 잇는 ᄃᆡ로 보호ᄒᆞ되 그 아ᄌᆞ씨와 아ᄌᆞ머니는 졍신이 업셔셔 뉘가 와셔 구원ᄒᆞ는지 아지 못 ᄒᆞ더라 엿식 동안에 셋별이가 잘식와 먹을식 도 업시 잘 치료ᄒᆞ엿더니 닐헤 만에 둘이 다 코피를 흘니고 ᄯᆞᆷ을 내더니 ᄎᆞᄎᆞ 병이 덜녀셔 됴셥ᄒᆞ여 쾌차ᄒᆞ더니 오래지 아니 ᄒᆞ여 셋별이 ᄯᅩᄒᆞᆫ 그 병이 올마셔 머리 압흐고 몸이 대단히 더우니 가만이 누엇지 못 ᄒᆞ고 ᄲᅮᆷ젹ᄲᅮᆷ젹ᄒᆞ더라 경대니외가 그 ᄋᆞ희의게 몹시 군일을 미우 뉘웃쳐 인정 스럽게 보호ᄒᆞ여도 셋별이가 누군지 아지 못 ᄒᆞ고 일셩 저 혼자 이샹ᄒᆞᆫ 말을 만히 ᄒᆞ더라 그 ᄯᅢ에 혼자 ᄒᆞ는 말이 一여호와는 나의 목쟈가 되셧스니 내게 부족흠이 업스리로다 二여호와가 날노 하여곰 방초 동산에 눕게 ᄒᆞ시고 쉬울 만ᄒᆞᆫ 물가흐로 나를 잇ᄭᅳ시며 三내 령혼을 회복

시편 이십삼장

언제 부터 명인이 되엿ᄂᆞ냐 ᄒᆞ니 셋별이 ᄒᆞᄂᆞᆫ 말이 그러치 안소이다 ᄋᆞ희라도 셩경 말ᄉᆞᆷ을 듯고 하ᄂᆞ님의 명령 ᄃᆡ로 만 ᄒᆞ면 알기 쉽습네다 ᄒᆞ니 김씨가 듯지 아니 ᄒᆞ고 말ᄒᆞᄃᆡ 네가 엇지 나를 위로ᄒᆞ겟ᄂᆞ냐 귀신을 욕ᄒᆞ지 아니 ᄒᆞ엿더면 이런 일을 아니 봉변ᄒᆞ엿다 ᄒᆞ니 셋별이 ᄃᆡ답ᄒᆞ여 말ᄒᆞᄃᆡ 아니 올소이다 우리가 구쥬 예수 만 의탁ᄒᆞ면 귀신이 아모 힘 도 업고 아모 긋 도 무셔운것 업ᄂᆞᆫ거신줄 알겟소 이 셰샹 님군 으로 말ᄒᆞᆯ지라도 역적놈이 그 압희셔 감히 견딜 수 잇ᄉᆞᆸᄂᆞ잇가 그런즉 우리가 하ᄂᆞ님씌 붓친 사ᄅᆞᆷ이 되면 귀신이 엇지 우리를 해롭게 ᄒᆞ오릿가 ᄒᆞ며 이 ᄀᆞᆺ치 말을 더 ᄒᆞ랴고 ᄒᆞ여도 김씨가 듯지 아니 ᄒᆞ고 나죵에ᄂᆞᆫ 억지로 내여 ᄶᅩᆺ더라 그 날 밤 즁에 셋별이가 김씨의 크게 우ᄂᆞᆫ 소ᄅᆡ를 듯고 그 아ᄃᆞᆯ이 죽은줄 만 알앗더니 ᄒᆞᆫ 잇ᄉᆞᆯ 후에 말을 드ᄅᆞ니 홍경대와 그 안희가 ᄯᅩ 병이 대단이 드러셔 니러나지 못 ᄒᆞ고 아모 졍신 도 업다

보담 갑졀을 주마 ᄒᆞ니 무당이 됴흔 음식을 ᄎᆞ려 ᄂᆞ코 져근
치고 춤추며 셰악수로 쟝구를 치고 피리를 크게 불면셔
두어 날을 쉬지 아니 ᄒᆞ고 착실이 굿슬 ᄒᆞ여도 삼복이 병이
낫지 아니 ᄒᆞ고 굿ᄒᆞᆯ스록 더욱 알터라 어머니가 아ᄃᆞᆯ의 죽을
모양을 보고 견ᄃᆡ지 못 ᄒᆞ야 집에셔 나와 크게 울고 말ᄒᆞᄃᆡ
읙고 읙고 우리 삼복이가 죽겟고나 엇지 ᄒᆞ여야 아니 죽을고
읙고 읙고 ᄒᆞ며 대셩통곡 ᄒᆞᄂᆞᆫ지라 셧별이 그 우ᄂᆞᆫ 소래를
듯고 갓가히 와셔 어루만지며 ᄒᆞᄂᆞᆫ 말이 울지 마옵쇼셔 살던지
죽던지 우리 하ᄂᆞᆯ에 계신 아바님ᄭᅴ셔 ᄒᆞ실 일이 아니닛가 또
우리가 만일 예수만 의지ᄒᆞ면 바랄것 업ᄂᆞᆫ거시 아니 올소이다
예수ㅣ ᄀᆞᆯᄋᆞ샤ᄃᆡ 어린 ᄋᆞᄒᆡ 내게 오ᄂᆞᆫ거슬 용납ᄒᆞ고 금ᄒᆞ지 (누가복음 십팔장 십륙졀)
말나 대개 하ᄂᆞ님 나라의 잇ᄂᆞᆫ 쟈가 이와 ᄀᆞᆺᄒᆞ니라 ᄒᆞ셧시니
그런고로 누구던지 예수를 밋ᄂᆞᆫ 사ᄅᆞᆷ은 죽은 후에 텬당에
올나가 그 젼 죽은 ᄋᆞᄒᆡ를 다시 맛나 보고 다시 붓안을거시라고
말ᄒᆞ니 삼복이 어머니가 듯고 ᄒᆞᄂᆞᆫ 말이 알거시 무엇시냐 네가

불샹히 넉여 방에 드러와 안젓더니 셋별이 ᄎᆞᄎᆞ 힘이 좀 도라와서 ᄉᆞᄉᆞ로 ᄒᆞᄂᆞᆫ 말이 예수ᄭᅴ셔 내 죄로 인ᄒᆞ야 샹ᄒᆞᆷ을 밧으시며 내 허믈을 인ᄒᆞ야 챵에 샹ᄒᆞ심을 밧으시매 나ᄂᆞᆫ 평안ᄒᆞᆷ을 밧으며 예수ᄭᅴ셔 채직으로 마즈심을 밧으셧스매 나ᄂᆞᆫ 나ᄒᆞᆷ을 엇엇도다 ᄒᆞ고 또 ᄒᆞᄂᆞᆫ 말이 대개 그리스도ᄅᆞᆯ 위ᄒᆞ야 너희게 주신거ᄉᆞᆫ 더ᄅᆞᆯ 밋을ᄲᅮᆫ 아니라 더ᄅᆞᆯ 위ᄒᆞ야 괴로옴을 밧을거시니라 ᄒᆞ고 이윽ᄒᆞ여 또 ᄒᆞᆫ 번 말ᄒᆞ되 괴롭고 무거운 짐 진 사ᄅᆞᆷ들은 다 내게로 오너라 나ㅣ 너희ᄅᆞᆯ 편히 쉬게 ᄒᆞ리라 ᄒᆞ니 듯ᄂᆞᆫ 사ᄅᆞᆷ이 무슴 말 인지 모로고 이샹이 넉여 아모 말도 못 ᄒᆞ고 나가더라

그후 몃 날 아니 되여 그 집 외ᄋᆞᄃᆞᆯ 삼복 이란 ᄋᆞᄒᆡ가 병드러셔 니러나지 못 ᄒᆞ고 머리도 들지 못 ᄒᆞᄂᆞᆫ되 김씨가 셋별 ᄭᆞᄃᆞᆰ에 병 난줄을 알고 큰 말노 셋별을 욕ᄒᆞ고 내여 ᄶᅩ추니 ᄒᆞᆫ 리웃 사ᄅᆞᆷ이 불샹이 넉여 그 집에 두지 아니 ᄒᆞ엿더면 굴머 죽을번 ᄒᆞ엿더라 날노 삼복이가 병이 졈졈 즁ᄒᆞ매 김씨가 무당을 불너

이시아 오십삼장 오절

빌닙보 일장 이십구절

마태복음 십일장 이십팔절

줄을 알면 귀신의게 괴로옴을 조곰 도 밧지 아니 ᄒᆞ오리다
싯별이 이 말을 다 못 ᄒᆞ여 김씨가 갑작이 드러와셔 그 쟝에셔
사 온 물건을 내여 던지며 싯별을 붓잡고 말ᄒᆞᄃᆡ 네 ᄒᆞᄂᆞᆫ 말이
무슴 말 이냐 귀신을 위ᄒᆞ지 말ᄂᆞᆫ 말 이냐 씩그럽다 ᄒᆞ며 몹시
ᄯᅡ리고 또 ᄒᆞᄂᆞᆫ 말이 나와 네 아ᄌᆞ씨와 우리 ᄋᆞᄃᆞᆯ을 다 죽이
라ᄂᆞ냐 ᄒᆞ고 또 치면서 말ᄒᆞ기를 이년아 제 집안 어룬을 또
죽이라고 ᄒᆞᄂᆞᆫ고나 ᄒᆞ며 대단히 ᄯᅡ렷ᄂᆞᆫᄃᆡ 모힌 사ᄅᆞᆷ들이 ᄎᆞᆷ아
보지 못 ᄒᆞ여 말ᄒᆞ되 그만두오 ᄃᆞᆺ시 별노 업ᄂᆞᆫᄃᆡ 웨 이 처럼
몹시 구ᄂᆞᆫ가 ᄒᆞ니 김씨 ᄃᆡ답ᄒᆞᄃᆡ 엇지 ᄃᆞᆺ시 업다고 ᄒᆞᄂᆞᆫ가
귀신 욕ᄒᆞᄂᆞᆫ거시 큰 죄가 아니냐 익고 이 계집ᄋᆞ히 셔ᄃᆞᆰ에 큰
환난을 만날가 무셥고나 ᄒᆞ니 모힌 사ᄅᆞᆷ이 무르ᄃᆡ 제가 온 후에
귀신이 집안을 더 요란케 ᄒᆞ던가 ᄒᆞ니 김씨 ᄃᆡ답ᄒᆞᄃᆡ 아즉은
그러치는 아니 ᄒᆞ되 졈졈 더 ᄒᆞᆯ넌지 뉘가 아오릿가 싯별이
너머 마져 몸을 니르케 거랄 수 업것마는 억지로 웃방에 가셔
눈감고 누으니 죽은 사ᄅᆞᆷ 모양 ᄀᆞᆺ더라 리웃 사ᄅᆞᆷ 두어시 더ᄅᆞᆯ

가슬거시니 어듸던지 간 곳에서 엇지 셰상에 다시 오실 수
잇겟소 또 굿ᄒᆞ는거ᄉᆞ로 말ᄒᆞ면 무슴 ᄭᅡᄃᆞᆰ으로 귀신을 위흠
내가 내게 해로온 일을 볼가 무셥고 또 병드러 죽을가 무셔워
ᄒᆞ여 위ᄒᆞ지 안슴내가 그러면 헛된 일 이오 만일 하ᄂᆞ님ᄭᅴ셔
허락지 아니 ᄒᆞ시면 귀신들이 우리를 해롭게 ᄒᆞᆯ 권셰를
어듸셔 엇으릿가 그런고로 젼능ᄒᆞ시고 착ᄒᆞ신 하ᄂᆞ님을 비반
ᄒᆞ고 더럽고 해롭게 ᄒᆞ는 귀신을 위ᄒᆞ는거시 엇지 미련ᄒᆞᆫ 일이
안이리오 우리 대한 사ᄅᆞᆷ들이 귀신을 위ᄒᆞ는 ᄭᅡᄃᆞᆰ에 ᄉᆞᄉᆞ로
마귀의 종 노ᄅᆞᆺᄒᆞ는 모양이 아님ᄂᆞ잇가 내 ᄉᆡᆼ각에는 사ᄅᆞᆷ이
귀신의게 죄를 엇을가 무셔워ᄒᆞ는거시 얼미인 사ᄅᆞᆷ과 ᄆᆡ마즌
사ᄅᆞᆷ과 눈먼 사ᄅᆞᆷ과 다ᄅᆞᆷ이 업ᄉᆞᆫ고로 예수ᄭᅴ셔 그런 사ᄅᆞᆷ을 노아
주시랴고 오셧ᄉᆞ니 그런고로 오셧슬 ᄯᅢ에 당신 말슴이 잡힌
쟈의게 노힘과 눈먼 쟈의게 다시 봄을 젼파ᄒᆞ고 패ᄒᆞᆫ 쟈를
ᄌᆞ유케 ᄒᆞ고 쥬의 복 된 ᄒᆡ를 젼ᄒᆞ랴고 나를 보내엿다고 ᄒᆞ셧
슴ᄂᆡ다 누구던지 이 말슴을 듯고 예수ᄭᅴ셔 저를 노와 주실 쥬신

누가복음 ᄉᆞ장 십팔절ᄒᆞ고 십구절

묻ᄃᆞ신 하ᄂᆞ님ᄭᅴ셔 우리의게 명ᄒᆞ시기를 당신 밧긔는 무슴
다른 신을 셤기지 말나 ᄒᆞ셧스니 그런고로 하ᄂᆞ님과 예수
밧긔는 아모 것도 위ᄒᆞᆯ 거시 업다 ᄒᆞ니 듯는 사ᄅᆞᆷ들이 가만이
서로 말ᄒᆞ되 이거시 무슴 말인가 념불 도 ᄒᆞ지 말고 귀신
도 위ᄒᆞ지 말고 조샹 도 공경치 말나는 말 인가 셩별이 그
말을 듯고 말ᄒᆞ되 념불을 죽도록 한들 유익ᄒᆞᆯ것 무엇시요 보지
도 못 ᄒᆞ고 듯지 도 못 ᄒᆞ고 말 도 못 ᄒᆞ는 부쳐가 우리 죽은
후에 됴흔 ᄃᆡ로 보닐 권셰가 잇지 잇스리오 죽은 조샹 위ᄒᆞ는것
도 쓸ᄃᆡ업ᄉᆞ니 우리 부모가 계실 동안에 효셩ᄒᆞ는거시 올코
계실 ᄯᅢ에 잘 ᄃᆡ졉ᄒᆞ고 공경ᄒᆞᆯ것이어늘 그 외에 다른 걸노
효도ᄒᆞᆯ거시 무엇시오 죽은 후에 암만 돈을 삭여셔 됴흔 음식을
차려 드릴지라도 도라간 사ᄅᆞᆷ이 밥을 잡수실 수 잇겟소 녜로
브터 지금 ᄭᆞ지 죽은 조샹이 와셔 먹는거슬 본이가 누구뇨
내 ᄉᆡᆼ각에는 우리 조샹이 하ᄂᆞ님의 명 ᄃᆡ로 ᄒᆞ엿시면 됴흔
ᄃᆡ로 갓슬터이요 ᄯᅩ 하ᄂᆞ님의 명 ᄃᆡ로 아니 ᄒᆞ엿시면 디옥에

二 셰샹 사ᄅᆞᆷ 날 흉보고
쥬를 흉보ᄂᆞᆫ고나
셰샹 ᄆᆞ음이 간샤ᄒᆞ야
예수와 ᄀᆞᆺ잔코나

예수 나를 사랑ᄒᆞ샤
비ᄂᆞᆫ 말ᄉᆞᆷ 드려야
친구들이 뮈워ᄒᆞ되
모도 념려 업도다

소리를 가만이 ᄒᆞ엿스나 ᄒᆞᆫ 리웃 녀편네가 듯고 여러 사ᄅᆞᆷ을 불너 ᄉᆡᆺ별이 잇ᄂᆞᆫ 방에 드러와 안져 ᄒᆞᄂᆞᆫ 말이 네가 아ᄭᅢ ᄒᆞᄂᆞᆫ 소리가 념불 도 아니요 글 닑ᄂᆞᆫ 소리 도 ᄀᆞᆺ지 아니 ᄒᆞᆫᄃᆡ 무엇시냐 ᄉᆡᆺ별이 ᄃᆡ답ᄒᆞᄃᆡ 우리 하ᄂᆞᆯ에 계신 아바지ᄭᅴ 찬미 ᄒᆞᄂᆞᆫ 소리외다 ᄒᆞ니 그 사ᄅᆞᆷ이 ᄯᅩ 무르되 예수교 ᄒᆞᄂᆞᆫ 사ᄅᆞᆷ의 ᄒᆞᄂᆞᆫ 법 이냐 ᄉᆡᆺ별이 올타고 ᄒᆞ미 ᄯᅩ 다른 녀인이 ᄒᆞᄂᆞᆫ 말이 위ᄒᆞᄂᆞᆫ 것 만 ᄒᆞᆯᄉᆞ록 됴치 안켓ᄂᆞ냐 나 도 이러케 예수를 위ᄒᆞ겟다 ᄒᆞ니 ᄉᆡᆺ별이 ᄃᆡ답ᄒᆞᄃᆡ 그러치 아니 ᄒᆞ외다 우리를 저의게 씨우셧숩ᄂᆞ이다 六 쥬의 손으로 지으신 거ᄉᆞᆯ 쥬장케 ᄒᆞ시며 모든 거ᄉᆞᆯ 저의 발 아래 두셧ᄉᆞ되 七 모든 양과 모든 소와 ᄇᆡᆨ가지 들 즘싱과 八 공즁의 새와 바다의 고기와 바다길노 ᄃᆞᆫ니ᄂᆞᆫ 거시로다 九 여호와 우리 쥬여 쥬의 일홈이 온 셰상에 심히 아름답소이다 말ᄉᆞᆷ을 ᄆᆞᆺ초고 밤이 깁도록 일을 다ᄒᆞᆫ 후에 긔도ᄒᆞ고 자더라 그 후 몃 날 아니 지나셔 김씨가 쟝으로 ᄡᆞᆯ을 팔너 가고 업ᄉᆞᆯ ᄯᆡ에 싯별이가 방에 혼자 안졋ᄉᆞᄆᆡ 좀 심심ᄒᆞ여 하ᄂᆞ님ᄭᅴ 찬미ᄒᆞᄂᆞᆫ 말이

一 나도 내 십자가 지고
예수 ᄯᅡ라 가도다
불샹ᄒᆞᆫ이 나의 보ᄇᆡ
예수 밧ᄭᅴ 업도다

젼에 됴화ᄒᆞ던 거ᄉᆞᆯ
모도 일허ᄇᆞ리되
예수ᄭᅴ셔 날 부쳐셔
부귀가 되엿도다

싯별젼 十二

싯별이 되답ᄒᆞ여 말ᄒᆞ되 이 말ᄉᆞᆷ이 내 말이면 혹 거짓 말이
쉽지마ᄂᆞᆫ 하ᄂᆞ님의 말ᄉᆞᆷ 이니 엇지 거즛 말 이라 ᄒᆞᆯ 수가 잇소
ᄒᆞ니 듯ᄂᆞᆫ 사ᄅᆞᆷ의 말이 하ᄂᆞ님이 누구 다려 이 말ᄉᆞᆷ을 ᄒᆞ셧
ᄂᆞ냐 ᄒᆞ니 싯별이가 되답ᄒᆞᄂᆞᆫ 말이 젼에 계시던 셩인의게 도
ᄒᆞ셧고 ᄯᅩ 예수ᄭᅴ셔 우리의게 말ᄉᆞᆷ을 만히 ᄒᆞ서셔 다 셩경에 긔록
ᄒᆞ엿다 ᄒᆞ고 ᄡᆞᆯ내를 ᄆᆞᆺᄎᆞ미 집으로 도라오더라 져녁밥 ᄒᆞ여
먹고 웃방에셔 옷슬 다듬이ᄒᆞ다가 곤ᄒᆞ여 쉴 ᄯᅢ에 싯별이 챵으로
하ᄂᆞᆯ을 쳐다보고 ᄉᆞᄉᆞ로 ᄒᆞᄂᆞᆫ 말이 一 여호와 우리 쥬여 하ᄂᆞᆯ
에셔 영광을 베프신 쥬의 일홈이 온 ᄯᅡ헤 심히 아름답소이다
二 쥬ᄭᅴ셔 원슈의 셔ᄃᆞᆰ으로 어린 ᄋᆞ희와 젓 먹ᄂᆞᆫ ᄋᆞ희의
입에셔 힘을 니ᄅᆞ키샤 원슈와 보슈ᄒᆞᄂᆞᆫ 쟈로 ᄒᆞ여곰 ᄀᆞ만히
잇게 ᄒᆞ셧ᄉᆞᆸᄂᆞ이다 三 내가 쥬의 손가락으로 지으신 하ᄂᆞᆯ과 ᄯᅩ
베프신 ᄃᆞᆯ과 별을 보면 四 사ᄅᆞᆷ이 무어시관ᄃᆡ 쥬ᄭᅴ셔 ᄉᆡᆼ각
ᄒᆞ시며 사ᄅᆞᆷ의 ᄌᆞ손이 무엇시관ᄃᆡ 도라보시ᄂᆞ잇ᄀᆞ 五 쥬ᄭᅴ셔 사ᄅᆞᆷ
으로 하여곰 텬ᄉᆞ 보다 조곰 만 ᄂᆞ리게 ᄒᆞ시고 존귀와 영광으로

셧ᄂᆞ냐 ᄒᆞ니 셩별이 ᄃᆡ답ᄒᆞᄂᆞᆫ 말이 사ᄅᆞᆷ 즁에 녀편네가 힘 업고 약ᄒᆞᆫ고로 예수ᄭᅴ셔 더들을 더옥 불샹히 녁이셧스니 ᄒᆞᆫ 과부 된 사ᄅᆞᆷ의 죽은 외 아ᄃᆞᆯ을 다시 살녀 주시고 닐곱 귀신 들닌 녀편네 몸에서 귀신ᄂᆞᆯ을 다 내ᄶᅩᆺ차 주시고 계집ᄋᆞ히나 아모던지 업수히 녁이지 아니 ᄒᆞ시고 또 불샹ᄒᆞ고 셜훈 사ᄅᆞᆷ을 누구던지 위로ᄒᆞ셧다 ᄒᆞ니 듯ᄂᆞᆫ 사ᄅᆞᆷ이 눈물을 흘니고 ᄒᆞᄂᆞᆫ 말이 내가 그 당신을 아ᄅᆞᆺ더면 됴흘번ᄒᆞ엿다 ᄒᆞ니 셩별이 ᄃᆡ답ᄒᆞ여 말ᄒᆞᄃᆡ 지금 도 우리 각 사ᄅᆞᆷ의게 ᄯᅥ나 계시기가 멀지 아니 ᄒᆞ다 ᄒᆞ니 듯ᄂᆞᆫ 사ᄅᆞᆷ이 또 뭇ᄂᆞᆫ 말이 엇지 우리ᄅᆞᆯ 갓가히 계실 수가 잇ᄂᆞ냐 ᄒᆞ니 셩별이 ᄃᆡ답ᄒᆞᄂᆞᆫ 말이 우리가 예수ᄭᅴ셔 우리ᄅᆞᆯ 구원ᄒᆞ셧스니 그를 밋ᄂᆞᆫ것 밧긔 죄 샤ᄒᆞᆷ을 엇을 수 업ᄂᆞᆫ줄을 알고 밋으면 예수ᄭᅴ셔 우리 ᄆᆞ옴 속에 계시겟다 말ᄉᆞᆷᄒᆞ셧ᄉᆞᆸᄂᆡ다 만일 우리 ᄆᆞ옴에 계시면 환란 밧을 ᄯᅢ에 위로ᄒᆞ여 주시고 잘 못 ᄒᆞᆯ ᄯᅢ에 ᄀᆞᄅᆞ쳐 주시고 어려올 ᄯᅢ에 도아주시겟다 ᄒᆞ니 듯ᄂᆞᆫ

잇서 당신 ᄆᆞᄋᆞᆷ에 잇ᄂᆞᆫ 싱각 이라도 하ᄂᆞ님 명을 어그러친 거시 조곰 도 업ᄉᆞᆸᄂᆞ이다 우리 ᄒᆞᆯ 직분을 당신이 다ᄒᆞ시고 우리가 하ᄂᆞ님의 명을 어긔여셔 형벌 밧을거ᄉᆞᆯ 예수ᄭᅴ셔 당신 몸으로 ᄃᆡ신 밧으시라고 셰샹 사ᄅᆞᆷ의게 해를 크게 밧으시고 나죵에 죄인과 ᄀᆞᆺ치 십ᄌᆞ가에 못박혀 도라가셧소 이 ᄀᆞᆺ치 말ᄒᆞ니 듯ᄂᆞᆫ 사ᄅᆞᆷ이 웃고 말ᄒᆞᄃᆡ 올치 그 소리 듯기 됴코나 외국 학당에셔 거즛 부렁이 ᄒᆞᄂᆞᆫ거ᄉᆞᆯ 또 ᄇᆡ홧ᄂᆞ냐 ᄒᆞ고 더러ᄂᆞᆫ ᄲᅡᆯ내ᄒᆞᆫ 거ᄉᆞᆯ 가지고 제 집으로 도라가고 그 즁에 두어 사ᄅᆞᆷ 만 잇셔 그 ᄲᅡᆯ내ᄒᆞᆫ 거ᄉᆞᆯ 양디겻헤 널 ᄯᅢ에 싯별의게 ᄒᆞᄂᆞᆫ 말이 다시 니야기 ᄒᆞ자 이 예수라 ᄒᆞᄂᆞᆫ 사ᄅᆞᆷ은 셰샹에 잇슬 동안에 무ᄉᆞᆷ 일을 ᄒᆡᆼᄒᆞ엿ᄂᆞ냐 ᄒᆞ니 싯별이 ᄃᆡ답ᄒᆞᄃᆡ 예수ᄭᅴ셔 놉흔 사ᄅᆞᆷ 즁에 뎨일 놉흐시되 당신 몸을 놉히시지 아니 ᄒᆞ시고 ᄂᆞᆺ고 죄 잇ᄂᆞᆫ ᄇᆡᆨ셩 가온ᄃᆡ에 계시고 두루ᄃᆞᆫ니시며 하ᄂᆞ님 참리치를 ᄀᆞᄅᆞ쳐 주시고 모든 불샹ᄒᆞᆫ 사ᄅᆞᆷ을 도와주셧다 ᄒᆞ니 그 즁에 ᄒᆞᆫ 녀인이 ᄯᅩ 뭇ᄂᆞᆫ 말이 녀편네라도 업수히 녁이지 안코 ᄉᆞ랑ᄒᆞ

죄가 잇ᄉᆞ니 죄 갑세 맛당히 하ᄂᆞ님ᄭᅴ 형벌 밧을터인ᄃᆡ 만일 구원ᄒᆞᆯ 이가 업ᄉᆞ면 멸망ᄒᆞᆷ을 밧지 아니 ᄒᆞᆯ 이가 어ᄃᆡ 잇겟소 그런고로 우리 하ᄂᆞᆯ에 계신 아바님이 우리 불샹ᄒᆞᆫ 모양을 보시고 민망이 넉이샤 그 귀ᄒᆞ신 ᄋᆞᄃᆞ님 이라도 앗기시지 아니 ᄒᆞ시고 우리 죄ᄅᆞᆯ ᄃᆡ쇽ᄒᆞ려고 이 셰샹에 보ᄂᆡ셧시니 이ᄂᆞᆫ 곳 우리ᄅᆞᆯ 구원ᄒᆞ신 쥬 예수라 당신의 놉흐신 권셰와 텬당 영화ᄅᆞᆯ 다 ᄇᆞ리시고 셰샹에 ᄂᆞ려오서서 우리와 ᄀᆞᆺ흔 사ᄅᆞᆷ이 되샤 우리ᄅᆞᆯ 위ᄒᆞ야 간난ᄒᆞᆫ것과 말노 ᄒᆞᆯ 수 업ᄂᆞᆫ 고ᄉᆡᆼ을 밧으셧스니 여긔 잇ᄂᆞᆫ 사ᄅᆞᆷ 즁에ᄂᆞᆫ 밤에 눕ᄃᆡ 업ᄂᆞᆫ 이가 별노 업ᄉᆞᄃᆡ 하ᄂᆞ님의 ᄋᆞᄃᆞ님이 셰샹에 계실 ᄯᅢ에 ᄒᆞ신 말ᄉᆞᆷ이 여호 도 굴이 잇고 공즁에 나ᄂᆞᆫ ᄉᆡ 도 집이 잇ᄉᆞᄃᆡ 오직 인ᄌᆞᄂᆞᆫ 머리ᄅᆞᆯ 둘 곳시 업다고 ᄒᆞ셧시니 웨 그 ᄀᆞᆺ치 어려옴을 밧으셧ᄂᆞᆫ지 뭇게 드면 우리와 ᄀᆞᆺ치 고ᄉᆡᆼ과 욕을 보시려고 ᄒᆞ시기에 그러ᄒᆞ셧신즉 셰샹 사ᄅᆞᆷ 즁에 그런 은혜가 어ᄃᆡ 잇ᄉᆞ오릿가 ᄯᅩ 말ᄒᆞᄃᆡ 예수ᄭᅴ셔 셰샹에 ᄂᆞ려오서서 우리와 ᄀᆞᆺ흔 사ᄅᆞᆷ이 되엿슬지라도 즁ᄒᆞᆫ 분간이

누가복음구장신여돕졀

ᄀᆞᄅᆞ치더냐 ᄒᆞ니 셋별이 ᄃᆡ답ᄒᆞᄃᆡ 대한 계집ᄋᆞᄒᆡ ᄒᆞᆯ 도리를
ᄀᆞᄅᆞ쳡데다 뭇ᄂᆞᆫ 사ᄅᆞᆷ이 웃고 말ᄒᆞ기를 엇지 외국 사ᄅᆞᆷ이 대한
계집ᄋᆞᄒᆡ ᄒᆞᆯ 도리를 알 수가 잇ᄂᆞ냐 ᄯᅩ 무ᄅᆞᄃᆡ 그 밧긔ᄂᆞᆫ ᄇᆡ혼
거시 무어시냐 ᄒᆞ니 셋별이 ᄃᆡ답ᄒᆞᄃᆡ 수법 도 ᄇᆡ호고 디도 도
ᄇᆡ호고 ᄯᅩ 그 밧긔 여러 가지 요긴ᄒᆞᆫ 거ᄉᆞᆯ ᄀᆞᄅᆞ쳡데다 ᄒᆞ니ᄭᅡ 뭇ᄂᆞᆫ
사ᄅᆞᆷ이 크게 웃고 말ᄒᆞᄃᆡ 계집ᄋᆞᄒᆡ가 수법과 디도를 ᄇᆡ화셔 쓸ᄃᆡ가
무엇시냐 웃슬라기 허리 압흐다 ᄒᆞ면셔 이처럼 ᄆᆡ우 흉보되
셋별이ᄂᆞᆫ 온공히 ᄒᆞᄂᆞᆫ 말이 ᄇᆡ홀 만ᄒᆞᆫ 거ᄉᆞᆯ 여러 가지 ᄀᆞᄅᆞ
치되 그 즁 뎨일유익ᄒᆞᆫ 거ᄉᆞᆫ 예수교니 예수교가 무어신고 ᄒᆞ니
ᄒᆞ고 말ᄒᆞᆯ젹에 듯ᄂᆞᆫ 사ᄅᆞᆷ들이 일시에 ᄯᅥ드러 ᄒᆞᄂᆞᆫ 말이 텬쥬학
이라고 도 ᄒᆞ며 대한 사ᄅᆞᆷ의 글 아니라고 도 ᄒᆞ여 욕ᄒᆞᄂᆞᆫ 말노
요란케 ᄒᆞ니 셋별이 아모 말 도 아니 ᄒᆞ고 가만히 기ᄃᆞ리더니 그
사ᄅᆞᆷ들이 큰 말 다ᄒᆞ고 다시 안져 샐내질 ᄒᆞᆯ ᄯᅢ에 셋별이 다시
ᄆᆞ음을 ᄂᆞ족히 ᄒᆞ야 말ᄒᆞᄃᆡ 이 교ᄂᆞᆫ 텬쥬학이 아니요 예수교니
예수라 ᄒᆞ시ᄂᆞᆫ 이ᄂᆞᆫ 우리를 구원ᄒᆞ신 [illegible]

어리니 도아주심과 ᄀᆞᄅᆞ쳐 주심을 비옵ᄂᆞ다 엇더케 ᄒᆞ여야 됴ᄒᆞᆯ넌지 ᄀᆞᄅᆞ쳐 주옵시고 예수ᄅᆞᆯ 본밧아셔 예수와 ᄀᆞᆺ치 어려온 거ᄉᆞᆯ ᄎᆞᆷ게 ᄒᆞ여 주옵쇼셔 예수씌셔 저ᄅᆞᆯ ᄃᆡ신ᄒᆞ여 형벌을 밧으셧시니 이처럼 감히 갓가히 와셔 긔도ᄒᆞᆯ 수 잇ᄂᆞᆫ줄 제가 아옵ᄂᆞ이다 아멘 긔도ᄅᆞᆯ 다ᄒᆞ고 누어 자더라 김씨가 드르미 텬쥬교 ᄒᆞᄂᆞᆫ 소린줄 알고 집 귀신의게 죄ᄅᆞᆯ 범ᄒᆞᆯ새 무셔워셔 셜고 잠을 못 자더라 날마다 김씨가 점점 그 계집ᄋᆞ희의게 몹시 구되 싯별이ᄂᆞᆫ 힘은 별노 업서도 그 식히ᄂᆞᆫ ᄃᆡ로 일을 힘써 ᄒᆞ고 아모 ᄃᆡ답 도 아너 ᄒᆞ더라 그 몹시 굴기ᄂᆞᆫ 싯별을 뮈워 ᄒᆞᆯ섇 아니라 저의 ᄒᆞᄂᆞᆫ 힝실이 이샹ᄒᆞ니 집 귀신의게 죄ᄅᆞᆯ 범ᄒᆞᆯ사 무셔워홈으로 대단히 학ᄃᆡᄒᆞ더라 그러나 싯별이 올 ᄯᅢ 브터 집에 잇ᄂᆞᆫ 귀신의 작폐ᄒᆞᄂᆞᆫ거시 ᄎᆞᄎᆞ 덜니더라 리웃 사ᄅᆞᆷ들 도 싯별이가 외국 학당에서 공부ᄒᆞ엿단 말을 듯고 ᄃᆡ희 세리 말을 만히 ᄒᆞ더니 ᄒᆞ로ᄂᆞᆫ 싯별이 강에 가셔 ᄲᆞᆯ내질 ᄒᆞᆯ ᄯᅢ에 여러 ᄲᆞᆯ내ᄒᆞᄂᆞᆫ 녀인들이 뭇ᄂᆞᆫ 말이 외국 사ᄅᆞᆷ의 학당에서· 무어ᄉᆞᆯ

대단히 분ᄒᆞ여 말을 크게 ᄒᆞ고 너무 요란히 구니 경ᄃᆡ가 아모 말도 못 ᄒᆞ고 방에 드러가셔 안희가 ᄉᆡ로 ᄒᆞ여 두엇던 옷슬 스ᄉᆞ로 ᄎᆞ져 닙고 리웃 샤랑에 나가셔 밤이 깁도록 친구들과 셔울 니야기만 ᄒᆞ더라 김씨가 제 남편이 어ᄃᆡ 나간거슬 보고 ᄆᆞ음이 됴치 아니 ᄒᆞ여 슯히 울고 말ᄒᆞᄃᆡ 무졍ᄒᆞ고나 몃 ᄃᆞᆯ 동안이나 업셧다가 집에라고 도라와셔 안지도 아니ᄒᆞ고 아모 말도 업시 어ᄃᆡ로 나갓고나 ᄒᆞ면셔 아모 일도 아니 ᄒᆞ고 방에 드러가셔 셩니여 안졋더라 계집ᄋᆞ희 일홈은 셋별 이니 안력이 부족ᄒᆞ야 눈은 밝지 못 ᄒᆞ나 일은 다 잘 ᄒᆞ더니 부억에 나가 밥을 지어 샹에 노아셔 김씨의게 갓다드리니 김씨가 이상히 녁여 ᄒᆞᄂᆞᆫ 말이 외국 사ᄅᆞᆷ 학당에셔 엇지 밥 짓ᄂᆞᆫ거슬 비홧ᄂᆞᆫ가 ᄒᆞ고 조곰 먹고 ᄆᆞ음에 ᄉᆡᆼ각ᄒᆞᄃᆡ 모든 일을 다 이처럼 ᄒᆞ면 내가 편안ᄒᆞ겟다 ᄒᆞ더라 셋별이 져녁밥 먹은 그릇슬 셔릇고 누어 자기 젼에 업ᄃᆡ여 ᄒᆞᄂᆞᆫ 말이 우리 하ᄂᆞᆯ에 계신 아바지 밤낫 아니 주므시고 너를 도라보시ᄂᆞᆫ줄을 아오니 엇지 감샤ᄒᆞ오리가 제가 약ᄒᆞ고

ᄒᆞᆯ제 그 남편이 우연이 셔울노 브터 나려오는ᄃᆡ 젼에 보지 못 ᄒᆞᆫ 열너 듯 살 ᄶᅳᆷ 된 계집ᄋᆞ희가 ᄯᅡ라 오더라 경ᄃᆡ ᄂᆡ외가 반갑게 서로 인ᄉᆞᄒᆞ고 김씨가 ᄒᆞ는 말이 이 ᄋᆞ희는 누구닛가 경ᄃᆡ가 ᄃᆡ답ᄒᆞᄃᆡ 이 ᄋᆞ희는 내 족하ᄯᆞᆯ 이니 저의 부모 살아실 ᄯᅢ에 학당에 두엇더니 이졔 란리가 나니 나라 일이 대단히 어지러워셔 셔울 사름이 말갹케 시골노 피란ᄒᆞ기에 내가 다리고 ᄂᆞ려왓노라 ᄒᆞ니 김씨가 말ᄒᆞᄃᆡ 학당에 두웟딧단 말ᄉᆞᆷ이 엇더ᄒᆞ신 말ᄉᆞᆷ 이오닛가 계집ᄋᆞ희 ᄃᆞᆫ니는 셔당이 어ᄃᆡ 잇겟ᄉᆞᆸᄂᆞ잇가 경ᄃᆡ가 좀 붓그러온 말노 ᄃᆡ답ᄒᆞᄃᆡ 져 ᄋᆞ희 ᄃᆞᆫ니던 학당은 우리 대한 풍쇽 ᄃᆡ로 ᄒᆞ는 ᄃᆡ가 아니오 외국 사름이 셔울 와셔 계집ᄋᆞ희를 위ᄒᆞ여 셰운 학당 이라 ᄒᆞ니 김씨가 낫빗치 변ᄒᆞ며 말ᄒᆞᄃᆡ 외국 사름의 학당에 단녓단 말이 웬 말 이 오 외국 사름의게 ᄇᆡ홀 거시 무어시뇨 거긔셔 우리 조션 풍쇽을 흉보는것과 우리 위ᄒᆞ는거ᄉᆞᆯ ᄇᆞ리고 외국 사신 위ᄒᆞ는거시나 ᄇᆡ홀것 밧긔 무엇이 잇ᄉᆞ리오 ᄒᆞ고 ᄯᅩ 그 ᄋᆞ희를 더 ᄌᆞ셰히 보아 눈이 좀 어둔거ᄉᆞᆯ 알고 ᄯᅩ

싯별젼

화셜 김씨는 대한 나라 아모 ᄃᆡ에 사ᄂᆞᆫ 홍경ᄃᆡᆨ의 안ᄒᆡ니 그 남편은 존위를 ᄒᆞ엿더니 셔울 가고 업ᄉᆞᆯ 동안에 김씨 ᄆᆞᄋᆞᆷ이 ᄆᆡ우 답답ᄒᆞ고 편치 못 ᄒᆞᆫ거ᄉᆞᆫ 심심ᄒᆞᆯ ᄲᅮᆫ 만 아니라 밤마다 그 집에 귀신이 만하서 작란을 몹시 ᄒᆞ나 집 안이 다 어지럽고 셰간도 샹ᄒᆞᆫ 거시 만코 ᄯᅩ 귀신이 그 외 아ᄃᆞᆯ의게 무ᄉᆞᆷ 못 된 작폐를 ᄒᆞᆯ새 대단히 근심ᄒᆞ여 돈을 수ᄇᆡᆨ 량이나 드려 고ᄉᆞ를 부ᄌᆞ런이 ᄒᆞ엿ᄉᆞ되 멋지 아니 ᄒᆞ고 돈 쓸ᄉᆞ록 더욱 요란ᄒᆞ더니 ᄒᆞ로는 아ᄎᆞᆷ밥 질 ᄯᅢ에 ᄊᆞᆯ을 씨ᄉᆞ랴고 물독에 가니 그 안에 큰 물독이 ᄯᅩ 잇ᄂᆞᆫᄃᆡ 사ᄅᆞᆷ이 들지도 못 ᄒᆞ고 ᄭᅳ내지도 못 ᄒᆞ겟더라 ᄆᆞᄋᆞᆷ이 뒤숭숭ᄒᆞ여 방에 드러가서 안졋다가 진동항아리가 업더져서 ᄭᆡ여진거ᄉᆞᆯ 쳐다보고 ᄯᅥᆯ며 울고 말ᄒᆞᄃᆡ 엇지 ᄒᆞᆯ고 뉘 ᄐᆞᆺ 인고 이왕에 도 집 안에서 작란을 만히 ᄒᆞ더니 엇지 ᄒᆞ여 지금 ᄯᅩ 이런 변이 잇ᄂᆞ뇨 ᄒᆞ면서 ᄒᆡ가 낫이나 되도록 방에 잇서 일 도 아니 ᄒᆞ고 ᄆᆞᄋᆞᆷ이 분ᄒᆞ고 무셔워ᄒᆞ더라 져녁에 부억에 나와서 힐

Pearl Emberley Edition.

구쥬성일쳔구빅오년

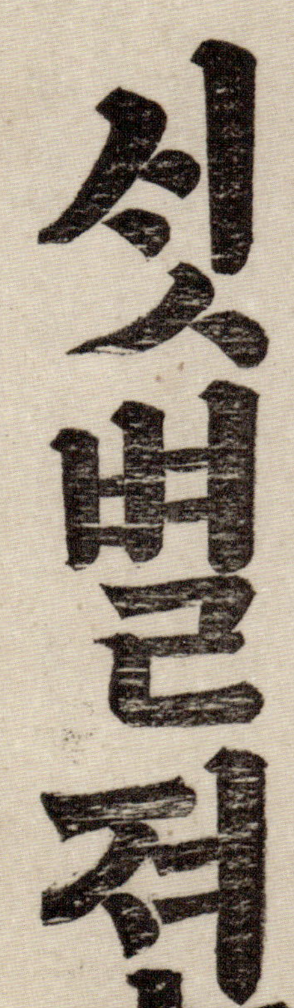

대한광무구년을ᄉᆞ

대한예수교서회간인

식별전

구쥬싱일쳔구빅오년

싯별젼

STORY OF SAIT PYEL

애니 베어드 (Annie L. Adams Baird, 安愛理) 著

대한광무구년을사

대한예수교서회간인